BEI GRIN MACHT SICH IHR WISSEN BEZAHLT

- Wir veröffentlichen Ihre Hausarbeit,
  Bachelor- und Masterarbeit

- Ihr eigenes eBook und Buch -
  weltweit in allen wichtigen Shops

- Verdienen Sie an jedem Verkauf

Jetzt bei www.GRIN.com hochladen
und kostenlos publizieren

Bibliografische Information der Deutschen Nationalbibliothek:

Die Deutsche Bibliothek verzeichnet diese Publikation in der Deutschen National-
bibliografie; detaillierte bibliografische Daten sind im Internet über http://dnb.d-
nb.de/ abrufbar.

Impressum:

Copyright © 2000 GRIN Verlag, Open Publishing GmbH
Druck und Bindung: Books on Demand GmbH, Norderstedt Germany
ISBN: 9783638786652

Dieses Buch bei GRIN:

http://www.grin.com/de/e-book/906/volkswirtschaftliche-implikationen-fuer-den-
e-commerce-im-bankenbereich

Wolfgang Faller

Volkswirtschaftliche Implikationen für den E-Commerce im Bankenbereich

GRIN Verlag

GRIN - Your knowledge has value

Der GRIN Verlag publiziert seit 1998 wissenschaftliche Arbeiten von Studenten, Hochschullehrern und anderen Akademikern als eBook und gedrucktes Buch. Die Verlagswebsite www.grin.com ist die ideale Plattform zur Veröffentlichung von Hausarbeiten, Abschlussarbeiten, wissenschaftlichen Aufsätzen, Dissertationen und Fachbüchern.

Besuchen Sie uns im Internet:

http://www.grin.com/

http://www.facebook.com/grincom

http://www.twitter.com/grin_com

Volkswirtschaftliche Implikationen für den E-Commerce im Bankenbereich

Seminararbeit im Fach Wirtschaftsinformatik
an der Universität Heidelberg

Wolfgang Faller

WS 1999/2000

Inhaltsverzeichnis

1. Einleitung

Durch die technologische Entwicklung und den verstärkten Einsatz der Informations-Technik (IT) verändern sich nicht nur Vertriebswege auf bestehenden Märkten. Es werden auch neue Märkte erschlossen und die Zugangsbarrieren der etablierten Märkte aufgeweicht. In den letzten Jahren ist nicht nur der IT-Sektor gewachsen, er hat auch massive Veränderungen in anderen Sektoren ausgelöst. Wurden IT-Produkte früher vor allem zur Optimierung interner Abläufe in Unternehmen genutzt, so verändern diese mittlerweile auch traditionelle Geschäftsmodelle und das externe Bild vieler Unternehmen.

Das Bankgewerbe wird durch diese Entwicklung direkt betroffen, da es sich hier um eine informationsabhängige Branche handelt.
Nach einer durch die IT-Entwicklung ausgelösten internen Umstrukturierung, in welcher Arbeitsprozesse automatisiert und dadurch effizienter gestaltet wurden, wird nun schon seit einigen Jahren von vielen Banken die Möglichkeit alternativer Zugriffswege des Kunden auf die Bankdienstleistungen angeboten. Der Umfang reicht hierbei vom Telefon-Banking bis zum Electronic-Banking über das Internet.
Eine zentrale Rolle wird in Zukunft das Internet als Kanal zu einer Bank einnehmen. Das Internet bildet die Plattform auf der sich der E-Commerce und damit das E-Banking abspielt.
Es stellt sich die Frage, wie sich der Bankenbereich in Zukunft verändern wird. Das Erscheinungsbild traditioneller Banken wird sich von dem heutigen unterscheiden. Die Banken werden einer anderen Wettbewerbssituation ausgesetzt sein und sich Konkurrenten stellen müssen, die bisher nicht existent waren.
Diese Arbeit soll untersuchen, welche volkswirtschaftlichen Implikationen durch die Entwicklungen im IT-Bereich auf den Bankensektor folgen.

Das Kapitel 2 bietet einen kurze Darstellung des E-Commerce und leitet zur aktuellen Situation des E-Commerce im Bankenbereich im Kapitel 3 über. Dies schafft die Grundlage für die Überlegungen im Kern der Arbeit, welcher in Kapitel 4 behandelt wird.
Weiterhin muß noch erwähnt werden, daß die angeführten Zahlenwerte in Kapitel 3.2 und 4.1 lediglich eine Indikatorfunktion für das potentielle Wachstum der genannten Bereiche besitzen. Man muß davon ausgehen, daß die tatsächliche Werte aktuell weitaus höher liegen.

2. E-Commerce

Im folgenden Kapitel soll betrachtet werden, welche Eigenschaften und Annahmen der E-Commerce im allgemeinen und in der Anwendung im Bankensektor hat.

Definition des Begriffes „E-Commerce":

E-Commerce ermöglicht die umfassende, digitale Abwicklung der Geschäftsprozesse zwischen Unternehmen und deren Kunden über öffentliche und private Netze.[1]

Im Bankenbereich bedeutet dies für den Kunden die Durchführung aller möglichen Transaktionen (Überweisungen, Daueraufträge, Depotverwaltung etc.) über öffentliche Netze!

Folgende Interaktionsmodelle sind hierbei möglich:

- Business to Business (B2B)

  Ein Beispiel hierfür sind geschäftliche Transaktionen, welche z.b. zwischen zwei Geschäftsbanken getätigt werden.

- Business to Consumer (B2C)

  In diese Kategorie fallen alle Bereiche in denen vom Konsument auf ein spezifisches Angebot zugegriffen werden kann.

- Consumer to Consumer (C2C)

  Beispielhaft hierfür sind Auktionsplattformen im Internet, die den Handel zwischen den Internetnutzern ermöglichen (siehe http://letsbuyit.com)

- Consumer to Business (C2B)

  Zu dieser Kategorie gehören Internet-Plattformen, die Privatpersonen die Möglichkeit geben ein Angebot an geschäftliche Nutzer zu machen. Zu diesem Bereich gehören beispielsweise Job-Vermittlungen im Internet (siehe http://www.careerbase.de).

Im folgenden soll das Interaktionsmodell Business to Consumer betrachtet werden, da es die Grundlage der volkswirtschaftlichen Implikationen darstellt.

---

[1] Thome, R.:Electronic Commerce – Anwendungsbereiche und Potentiale der digitalen Geschäftsabwicklung, Vahlen München 1997

2.1 Segmentierung des E-Commerce

E-Commerce wird grundsätzlich in 2 Segmente unterteilt[2]:

- Horizontale Portale

- Vertikale Portale

(1) Horizontale Portale kann man allgemein als Dienste definieren, die große Mengen von wiederkehrendem Traffic[3] erzeugen und hierfür verschiedene weitgefächerte Funktionalitäten anbieten. Bespiele hierfür sind der Internetprovider AOL (http://www.aol.com) oder Yahoo! (http://www.yahoo.com), ursprünglich als reine Internetsuchmaschine konzipiert. Inzwischen bieten AOL und Yahoo! ein breites Spektrum von Internetdienstleistungen an.

(2) Vertikale Portale sind hingegen virtuelle Orte an denen spezifisch ausgerichtete Inhalte dargestellt werden. Dies steht im Gegensatz zu den horizontalen Portalen, die eine Vielzahl von verschiedenen Diensleistungen anbieten
Diese vertikalen Electronic Business Commerces (ECBs) sind vor allem auf die Entwicklung eines Markennamens konzentriert, was zu einem Wachstum der Seitenbesucherzahl und dadurch zu einem festen Kundenstamm führen soll. Ein Beispiel hierfür ist der virtuelle Buchhandel Amazon (siehe unten).

Beispiel für ein vertikales Portal (Quelle: http://www.amazon.de)

---

[2] Goldman Sachs Investment Research
[3] Traffic: Abruffrequenz einer Internetseite

4

Diese Segmente kann man auch als Geschäftsmodelle im Bereich des E-Commerce betrachten.

Der nachfolgende Abschnitt wird den Unterschied zwischen den beiden Segmenten darstellen und deren zukünftige Entwicklung beschreiben.

Übersicht über die Segmente

Die folgende Übersicht soll den Unterschied zwischen horizontalen Portalen und vertikalen ECBs verdeutlichen:

E-Commerce Geschäftsmodelle

Potentielle Überschneidung

Horizontale Portale
wie z.B. AOL

Expansion des Angebots

Vertikale E-Commerce
Geschäftsseiten wie
z.B. Amazon

Traffic

Inhalt

Quelle: Goldman Sachs Investment Research

Entwicklung der Portale

Die Darstellung zeigt, daß im Laufe der Entwicklung und Verbreitung des Internet als Medium die Geschäftsmodelle sich verändern werden. Im Laufe der Zeit werden horizontale Portale und vertikale ECBs zueinander konvergieren. Die horizontalen Portale werden Inhalt und Dienstleistungen anbieten, welche die ECBs bereits zur Verfügung stellen. Ein Beispiel hierfür ist Yahoo!Finance. Hier werden zusätzlich zu dem bestehenden Angebot von Yahoo! Finanzdienstleistungen angeboten. Auch die Entwicklung der vertikalen Geschäftsseiten und deren Angebotserweiterung wird wahrscheinlich zu einer Überschneidung (Overlap) in den Portalen führen.

2.2 Spezifizierung der Geschäftsmodelle im Bankwesen

Grundsätzlich gibt es im Banksektor zwei Vertriebswege:

- Geschäftliche Transaktionen, die zwischen einem Kunden und einem Mitarbeiter einer Geschäftsbank direkt (face-to-face[4]) getätigt werden.

- Sogenannte „Remote Channels", mit deren Hilfe man Transaktionen durchführen kann ohne die betreffende Bank betreten zu müssen.

Die Remote Channels werden wiederum in zwei Kanäle unterschieden:

- Traditionelle Kanäle: Kiosk-Banking (Geldautomaten, Selbstbedienungsterminals etc.), Telefon-Banking

- Innovative Kanäle : PC Online Banking und Internet Banking

Im folgenden soll der Einfluß des Internet auf den Banksektor dargestellt werden. Hierbei werden die Ausdrücke Online-Banking, Internet-Banking und E-Banking synonym verwendet.

---

[4] Quelle: EZB

3. Traditionelles Banking versus Electronic Banking:

3.1 Geschäftsmodelle im Bankensektor: Definition, Unterschiede, Beispiele

Im Bereich des Bankensektors muß man folgende Geschäftsmodelle unterscheiden:

- Die traditionelle physikalische Präsenz einer Bank z.b. in Form eines Bankgebäudes („Bankfiliale").

- Die Online Erweiterung einer Bank und damit die Internetpräsenz (z.B. http://www.sparkasse.de) und deren Angebot des Electronic Banking. Dies wird in vielen Kreditinstituten als Online- oder Internet-Banking bezeichnet.

- Die reinen vertikalen E-Commerce-Businesses (ECBs), d.h. Banken die ihre Geschäfte ausschließlich über das Internet als Medium tätigen (Beispiel siehe http://www.first-e.com).

Unterschiede zwischen den Geschäftsmodellen im Banksektor

Der Bereich der Online Erweiterung einer Bank ist vor allem eine Folge des Wettbewerbs, der sich aus mehreren Gründen verstärkt hat:

- Technologischer Fortschritt führt zu potentieller Kostenreduktion und setzt damit einen Preiswettbewerb in Gang.

- Der Markteintritt, der ausschließlich im Internet existierenden Konkurrenz.

Die reinen ECBs (Internetbanken) hingegen beabsichtigen folgendes:

- Eine direkte Beziehung zum Kunden zu etablieren

- Kosten zu sparen durch die Benutzung kürzerer Wege und neuer Technologien

- Eine neue interaktive Dimension im Geschäftsablauf zu erschaffen

- Die Beziehung zum Kunden dauerhaft zu entwickeln und damit den Umsatz zu steigern.

Obwohl derzeit in einigen Instituten des E-Banking noch nicht mit Gewinnen gerechnet werden kann, versuchen die entsprechenden Anbieter sich einen First-Mover-Advantage, d.h. einen Vorsprung vor Konkurrenten durch einen frühen Markteintritt, zu sichern.
Weitere Ziele sind die Schaffung einer Kundenbasis und die Etablierung eines Markennamens. Vor allem die Schaffung eines Markennamens, den man als Kunde mit

Ausdrücken wie Seriösität und Zuverlässigkeit verbindet, wird der Schlüssel zu einem festen und zufriedenen Stamm an Kunden sein. Es geht also darum Vertrauen[5] zu schaffen und dadurch die bestehende Klientel zu binden und neue zu gewinnen. Dieser Faktor wird gerade im Bankensektor eine zentrale Rolle spielen.

Beispiele für unterschiedliche Geschäftsmodelle

- Deutsche Bank 24

Die Deutsche Bank 24 verfolgt ein umfassendes Geschäftsmodell. Sie bietet als Tochtergesellschaft der Deutschen Bank AG sowohl tradtionelles Banking in der Form von Filialstellen, sowie auch die traditionellen und innovativen Remote Channels an.
Die Privatkunden haben die Möglichkeit ihre Banktransaktionen 24 Stunden pro Tag auch telefonisch oder per Internet zu tätigen, d.h. es wird im Vergleich zum traditionellen Banking dem Kunden ein ganztägiger Zugriff auf seine Kontoführung ermöglicht. Zusätzlich gibt es Schalterräume mit Selbstbedienungsterminals und eine 24-stündige telefonische Betreuung.
Außerdem werden auch Finanzdienstleistungen wie Lebensversicherungen, Investmentfonds und Altersvorsorge etc. angeboten[6].
Diese Geschäftsmodell stellt also eine extreme Mischform aus physikalischer Präsenz und „ferngesteuerter" Selbstbedienung (Zugriff durch das Internet) dar.

- Beispiel für eine Internet-Bank:

Ein aktuelles Beispiel für ein extremes Geschäftsmodell stellt die Internet-Bank „First-E" dar (http://first-e.com).
Hier wird ausschließlich das Internet als Zugangsmedium für Kunden genutzt. Das impliziert die Beschränkung des Vertriebsweges auf einen einzigen Remote-Channel.
Nach eigenen Angaben ist diese Bank die erste, die nur im Internet als Geschäftsort exitiert.
First-E ist als Zusammenschluß der französischen Gesellschaft Banque d´Escompte und der Enba Systems Ltd. entstanden.
Im technischen Bereich arbeitet man hier mit Firmen wie Brokat (http://www.brokat.com) oder IBM (http://www.ibm.com) zusammen.
Nähere Angaben erhält man auf der Homepage (URL siehe oben) oder auf der deutschen Internet-Seite (http://www.first-e.de).

---

[5] Köhler/Best: Electronic Commerce
Addison/Wesley 1998
[6] Quelle: http://www.deutsche-bank-24.de

3.2 Aktuelle Situation und Prognose der Umsatzentwicklung im E-Banking

Nach einer Studie der Goldman Sachs Investment Research wird im Bereich des Direct Banking im US-amerikanischen Markt ein jährliches Wachstum von 35%-40% bis zum Jahr 2002 erwartet. Der Anteil der Haushalte, die im Internet ihre Bankgeschäfte abwickeln, wird schätzungsweise von 2.6 Millionen in 1998 auf 15 Millionen im Jahr 2002 ansteigen. Die gesamte Marktpenetration wird jedoch nur bei circa 2% liegen (alle Zahlen beziehen sich auf den US-Markt).
Ein wichtiger Grund für die weitere Umsatzsteigerung im E-Banking werden die um circa 50% niedrigeren allgemeinen Kosten[7] der virtuellen Banken sein. Dadurch wird ermöglicht, an den Privatkunden höhere Zinsen auf Depositen weiterzugeben und geringere Preise für Produkte und Dienstleistungen zu fordern.
Bereits im Jahr 2000 werden schätzungsweise 30% der Erträge im Privatkundengeschäft des Banksektors[8] durch E-Banking erzielt.

3.3 Vorteile des E-Banking für den Privatkunden

- Bequeme und einfache Durchführung von Transaktionen wie z.B. der Einrichtung von Daueraufträgen

  Im Gegensatz zur traditionellen Verfahrensweise kann man einfach und individuell Banktransaktionen durch den Zugriff auf das eigene „fernbedienbare" Konto durchführen.

- Der Kunde spart Zeit, da er von Zuhause oder von jedem anderen Internet-Zugang weltweit die Dienstleistungen in Anspruch nehmen kann

  Dies ist wohl einer der größten Vorteile. Der Zugriff auf das eigene Bankkonto kann ohne Bindung an einen bestimmten Ort durchgeführt werden. Dies ermöglicht natürlich auch einen weltweiten Zugang.

- Keine Warteschlangen am Bankschalter für Routinevorgänge (Überweisungen, Kontoauszüge etc.)

  Die Zugriffszeit wird beim E-Banking lediglich durch die Effizienz des Zugangsystems (Hardwarekonfiguration) beschränkt, d.h. störende Wartezeiten bleiben weitgehend aus.

- Die Nutzung vieler anderer Bankdienstleistungen wie z.B. Wertpapierhandel.

  Viele Banken bieten zusätzlich zur reinen Kontoführung die Verwaltung von Wertpapierdepots und andere Finanzdienstleistungen an (siehe http://www.deutsche-bank-24.de).

---

[7] Quelle: Goldman Sachs
[8] Quelle: www.brokat.com

- 24 Stunden Service

  Die Nutzung des E-Banking ist nicht an bestimmte Öffungszeiten gebunden, welche für
  traditionelle Geschäftsmodelle (Bankfilialnetze) bindend sind. Es besteht also jederzeit die
  Möglichkeit Banktransaktionen durchzuführen.

Beispiel für E-Banking:

Ein Beispiel für E-Banking ist auf der Homepage der Stadtsparkasse Heidelberg zu finden
(http://www.sparkasse-heidelberg.de). Hier gibt es ein Testkonto durch das man Einblick in die
Funktionalität des E-Banking gewinnen kann.

4. Volkswirtschaftliche Implikationen für den E-Commerce im Bankenbereich

4.1 Ausgangsbasis

Der Hauptgrund für die relativ geringe Marktpenetration durch E-Banking liegt im Moment an der spezifischen Hard- und Softwareanforderung, die nötig ist, um das Internet als Medium zu verwenden. Heute nutzen circa 23 Millionen EU-Bürger das Internet. In fünf Jahren wird sich diese Anzahl auf circa 80 Millionen erhöhen[9].
Das technische Handicap kann in naher Zukunft jedoch durch die Einführung von Innovationen wie z.B. Topset-Boxen behoben werden, die einen handelsüblichen Fernseher zu einem Internetzugang umfunktionieren können.
Das Medium Internet muß für alle Benutzer kostengünstig erhältlich und unkompliziert zu bedienen sein. Sobald das Internet für die Masse der Menschen ein alltäglicher Gebrauchsgegenstand wie z.B. ein Telefon sein wird, steht einer Massenverbreitung des E-Commerce (und damit des E-Banking) nichts mehr im Weg.

4.2 Zukünftige Entwicklung

Finanzinstitute , die weiterhin auf klassische Vertriebswege setzen, werden den Wettbewerb mit den ECBs verlieren.
Gründe hierfür werden die durch das Internet verstärkte Globalisierung und der dadurch vermehrte Wettbewerb sein. In Zukunft wird das Internet eine Markttransparenz auslösen, die dazu führt, daß nicht unbedingt Kapitalvolumen sondern vor allem Geschwindigkeit im Vertrieb der entscheidende Faktor sein wird. Dadurch wird auch die bisher praktisch lebenslange Bindung eines Kunden an eine Bank aufgeweicht. Für den Verbraucher wird es dann sehr einfach sein, zwischen verschiedenen Angeboten zu vergleichen, das optimale Angebot herauszufiltern und ohne großen Aufwand, direkt zu Hause vom PC aus, die Bank zu wechseln.
Neue Vertriebskanäle werden durch mehr Effizienz die alten Strukturen ablösen.
Dies ist eine direkte Folge der ständigen technologischen Entwicklung, der sich auch das Bankgewerbe auf Dauer nicht entziehen kann. Durch die Einführung neuer Technologien (wie z.B. das Internet) und damit der Erschließung neuer Vertriebswege, wird auch kleinen Unternehmen die Möglichkeit gegeben, in bereits bestehende Märkte einzutreten und sich zu etablieren.

---

[9] Quelle: IT.Services 2/1999

4.2.1 Veränderung des Wettbewerbs

Bereits etablierte Banken werden in Zukunft einem stärkeren Konkurrenzdruck ausgesetzt sein. Die wird nicht nur durch den Neueintritt kleinerer Kreditinstitute geschehen, sondern auch durch die Konkurrenz aus dem Nicht-Finanz-Bereich (Versicherungsmakler, Investmentfonds, IT-Unternehmen etc.).

Dafür können folgende Gründe ausschlaggebend sein:

- Das Internet als Medium führt zu einer Globalisierung des Marktes und ermöglicht eine schnellen Kontakt zwischen Kunde und Anbieter, der nicht an einen Ort (physikalisch) gebunden ist.

- Die Kunden werden durch das Internet einen schnellen Zugriff auf Informationen über Finanzdienstleistungen (auch von Nicht-Banken) haben.

- Die horizontalen Portale werden verstärkt als „Information Broker" tätig sein und selbst auch traditionelle Bankdienstleistungen anbieten (siehe Yahoo!Finance).

- Kreditinstitute müssen mit dem Marktzutritt eines Konkurrenten rechnen, der aufgrund technologischen Vorsprungs, geringere Kosten hat und diesen Vorteil z.B. als höhere Verzinsung an seine Kunden weitergibt.

- Die bisherige Stellenwert der physikalischen Präsenz einer Bank wird an Bedeutung verlieren.

4.2.2 Unternehmenskooperationen als Folge des sich verändernden Wettbewerbs

Die Zunahme des E-Banking wird die Banken zu weitgehenden Kooperationen mit Unternehmen im IT-Bereich zwingen.
Dies kann einen Synergie-Effekt erzeugen. Denkbar ist hier die Schaffung eines allgemein gültigen Standards z.B. im Bereich der Zahlungsmittel. Dadurch werden wiederum Vorteile für den Kunden geschaffen, da allgemein gültige Standards im Bereich der Zahlungsmittel eine universelle Verwendung ermöglichen.
Auch der Bereich der Nicht-Banken wird in Zukunft möglicherweise mit den Kreditinstituten konkurrieren.
Kreditinstitute sind in der Monopolstellung als einzige von Privatkunden Depositen zu nehmen. In Bereichen wie z.B. Maklertätigkeiten , Altersvorsorge oder Vermögensbildung ist dieser Vorteil jedoch nicht existent. Ein weiterer Vorteil wie eine gute öffentliche Reputation wird gegenstandslos, da wohl auch Firmen mit ebenso guter Reputation in anderen Märkten als Konkurrenten auftreten werden.
Durch die bereits erwähnte zukünftige Transparenz der Märkte für Finanzdienstleistungen, welche durch das Internet ausgelöst wird, wird der Wettbewerb in diesem Bereich zunehmen. Dabei werden vor allem Unternehmen aus dem IT bzw. Telekommunikationsbereich profitieren, da diese im Besitz der Schlüsseltechnologie sind, die hierfür nötig ist.

Es bleibt die Frage offen, ob es für Banken nicht strategisch günstiger ist, in einem frühen Stadium dieser Entwicklung Zusammenschlüsse oder Allianzen mit Unternehmen aus den genannten Bereichen einzugehen um konkurrenzfähig zu bleiben.
Dadurch hätten die Kreditinstitute die Möglichkeit Kosten für Entwicklungen zu sparen und könnten vermeiden die allgemeine technologische Entwicklung zu verpassen.
Die beschriebenen Entwicklungen werden zweifellos dazu beitragen, daß die Remote Channels in Zukunft in einem viel größeren Umfang genutzt werden.

4.3 Veränderungen in der Struktur des Bankensektors

4.3.1 Erscheinungsbild der Banken

Das Erscheinungsbild der traditionellen Banken wird sich verändern.
Diese werden durch die virtuelle Konkurrenz gezwungen sein ihre Online-Expansion auszudehnen. Ein aktuelles Beispiel hierfür ist die Deutsche Bank 24.
Die Veränderung der Geschäftsmodelle besonders im Privatkundenbereich wird wohl auch Auswirkungen auf die physikalische Präsenz der Banken haben.
Viele Außenstellen werden geschlossen und z.B. durch reine Selbstbedienungsterminals (ATM[10]) ersetzt werden (in vielen Banken bereits im Einsatz), die übliche Transaktionen (Überweisungen, Daueraufträge etc.) ermöglichen.
In naher Zukunft jedoch wird das traditionelle Erscheinungsbild der Kreditinstitute sich nicht deutlich verändern. Neben einer stärkeren Verbreitung des Mediums Internet muß auch eine Akzeptanz beim Kunden vorhanden sein. Natürlich wird dies bei nachfolgenden Generationen, die mit Computertechnik vertraut sind, wesentlich schneller der Fall sein.
Ein weiterer Grund liegt im rechtlichen Bereich.
Es bleibt abzuwarten ob und in welchem Umfang eine Geschäftsbank physikalische Präsenz in Form eines zentralen Bankgebäudes aufrecht erhalten muß. Ein weiteres Szenario ist die Umwandlung bisheriger Filialstellen in reine Selbstbedienungsfilialen.
Weiterhin wird es auch mittelfristig Entscheidungen geben, die nur mit persönlichem Kontakt getroffen werden können.
Die Vergabe von Krediten oder andere Transaktionen bei denen eine persönliche Signatur notwendig ist, müssen bis auf weiteres auf konventionelle Weise getätigt werden. Das heißt, es besteht ein Beratungsbedarf, der aktuell nicht durch ein technisches System ersetzt werden kann.

4.3.2 Auswirkungen auf die Beschäftigungssituation im Bankwesen

E-Commerce wird auch Auswirkungen auf die Beschäftigungssituation im Bankwesen haben. Viele der zukünftigen Arbeitsvorgänge werden automatisiert, d.h. Arbeitsvorgänge die bisher mit einem hohen Aufwand an Personal durchgeführt wurden, werden in Zukunft ersatzlos wegfallen. Dadurch wird ein Aufwand an Fachpersonal, wie er aktuell betrieben wird, ökonomisch ineffizient.

---

[10] ATM: Automated Teller Machine

Die Änderungen in den Geschäftsmodellen muß jedoch nicht zwangsläufig bedeuten, daß die Gesamtzahl der Arbeitskräfte im Banksektor drastisch zurückgehen wird.
Es werden Fachkräfte mit zusätzlichen oder gänzlich anderen Qualifikationen benötigt werden. Vor allem in Bereichen wie Marketing, qualifizierter Beratung oder IT-Management wird Fachpersonal nötig sein.
Daraus ergibt sich zwangsläufig, daß sich das Ausbildungswesen im Banksektor (inklusive akademischer Ausbildung) der neuen Situation in diesem Bereich anpassen wird.
Letztendlich wird es nach einem vorläufigen Rückgang der Beschäftigung und dem Neueintritt vieler Unternehmen auf den E-Commerce Markt zu einer Umstrukturierung in der Beschäftigungssituation des Bankbereich kommen. Dies läßt sich z.b. daran erkennen, daß die gesamte Internet-Wirtschaft in den USA im ersten Quartal 1999 2,3 Millionen Mitarbeiter gegenüber 1,6 Millionen im Vorjahreszeitraum zählte[11]. Es wird also damit zu rechnen sein, daß eine Zunahme der Gesamtbeschäftigung auch in diesem Sektor stattfinden wird.

4.3.3 Outsourcing als ein Nebeneffekt des E-Commerce und der technologischen Entwicklung

In vielen Unternehmen ist die Notwendigkeit aufgetreten bestimmte Unternehmensbereiche auszulagern bzw. in eigene Rechtsformen (z.B. als Tochtergesellschaften) umzuwandeln.
Im Bereich der Banken betrifft dies vor allem den technischen Support. Hierzu gehören z.B. IT Helpdesks aber auch Systementwicklungen wie die Entwicklung von Zahlungs- oder Sicherheitssystemen. Ein Beispiel hierfür ist das Sparkassen Informatikzentrum[12]. Diese ausgelagerten Unternehmensbereiche agieren teilweise eigenständig auf verschiedenen Märkten, d.h nicht ausschließlich als In-House Unternehmen für ihre Muttergesellschaft. Dies führt in den betroffenen Unternehmen zur Entwicklung einer eigenen Unternehmenskultur. Natürlich wird dadurch auch das Risiko im Wettbewerb größer. Andererseits besteht in solch einer Situation die Möglichkeit das Tätigkeitsfeld des Unternehmens weiter auszudehnen. Denkbar ist hier z.B. die Kooperation mit Unternehmen aus dem Bereich der Telekommunikation.

Weiterhin findet im Bankenbereich outsourcing in Bereichen statt, die nicht zum Kerngeschäft einer Bank gehören. Als Beispiel kann man hier das Catering oder den sicheren Transport von Geld oder Dokumenten anführen.

4.4 Abschließende Betrachtung und strategische Ansätze

Die tatsächliche Entwicklung des E-Commerce ist nur sehr unzureichend zu prognostizieren. Tatsächlich sind die Remote Channels heutzutage mehr als nur Ergänzungen zum traditionellen Bankgeschäft. Besonders das Internet wird in Zukunft durch eine allgemeine Akzeptanz eine wesentliche Rolle spielen. Diese Stellung wird jedoch erst mit der Einführung unkomplizierter und preisgünstiger Internetzugänge erreicht werden.

---

[11] Quelle: www.InternetIndicators.com
[12] http://www.siz.de

Das Internet stellt den kürzesten Weg zum Kunden und die direkte externe Umsetzung, der durch neue Technologien veränderten internen Abläufe dar. Weiterhin bietet sich das Internet als kostengünstige Alternative zum traditionellen Filialstellennetz der Banken an.

Bezüglich des Erscheinungsbildes der Banken bleibt abzuwarten, wie sich der E-Commerce entwickelt. Letztendlich ist eine Akzeptanz beim Kunden erforderlich. Hier liegt es an den Banken, ein Vertrauen in neue Technologien zu schaffen. Die größten Probleme existieren im Bereich der Sicherheit und der Gewährleistung einer individuellen Betreuung. Dies impliziert auch die Weiterentwicklung der Portale und den Ausbau deren Funktionalität. Es bleibt abzuwarten, ob und wieweit ein Internetportal einen menschlichen Berater vertreten bzw. ersetzen kann. Dazu ist die Schaffung eines „intelligenten" Portals zur individuellen Betreuung nötig. Man spricht hier auch von einem „personalisierten" Portal. Dieser Zusammenhang führt direkt zum Bereich der künstlichen Intelligenz.

Die Beschäftigungssituation im Bankensektor wird sich entsprechend der technologischen Entwicklung verändern.
Die Notwendigkeit Personalbestände zu reduzieren wird sich dahingehend entwickeln, daß ein noch stärker spezifisch qualifizierter Mitarbeiterbestand angestrebt werden muß.

Große Bedeutung kommt auch der sich veränderten Wettbewerbssituation zu.
Die Banken werden nicht nur der Konkurrenz neu in den Markt eingetretener Banken, welche die innovativen Remote Channels nutzen und dadurch kostengünstiger agieren können, ausgesetzt sein.
Wettbewerbsdruck wird vor allem von der Seite der Nicht-Bank-Unternehmen erfolgen, die auf den Markt für Finanzdienstleistungen drängen. Vor allem die Firmen aus dem IT bzw. Telekommunikationsbereich werden hier in Erscheinung treten, da die erforderliche Technologie bereits vorhanden ist und kein ineffizienter Personalbestand existiert. Solche Unternehmen haben im Vergleich zu Banken mit traditionellen Geschäftsmodellen nur geringe Setup-Kosten für die Einrichtung der Remote Channels. Dadurch entfällt die Markteintrittsbarriere.
Durch das Internet wird es einfach sein Vergleiche anzustellen und den Anbieter bzw. Dienstleister per Mouseklick zu wechseln. Dies greift auch die traditionell enge Beziehung zum Kunden im Bankenbereich an. Eine Möglichkeit zukünftigem Wettbewerbsdruck zu begegnen besteht in Kooperationen der Banken mit Firmen, die neue Technologie bereitstellen können. Dies wird in den Banken Kostenersparnis erzeugen und verhindern, daß technologische Entwicklungen verschlafen werden. Solche Kooperationen bzw. Zusammenschlüsse könnten nicht nur positive Effekte auf die Marktposition der betreffenden Unternehmen sondern auch Vorteile für den Kunden bringen. Die Einführung allgemein gültiger Standards im Zahlungsverkehr und die Weitergabe möglicher Kostenersparnisse durch die Banken bringen den Anbietern Vorteile in einem Markt der sich in Zukunft stark verändern wird.

Aus der beschriebenen Situation und den dargelegten Annahmen läßt sich folgender allgemeiner Ansatz für das strategische Verhalten einer Geschäftsbank ableiten:

- Die Förderung des E-Commerce und Weitergabe der Kostenersparnis an den Kunden

Dies betrifft vor allem die Erweiterung traditioneller Geschäftsmodelle. Voraussetzung ist es Aspekte wie Sicherheit, individuelle Beratung und moderne Technologie zu etablieren und dem Kunden näher zu bringen.
Durch die Kostenersparnis werden im Unternehmen Finanzmittel freigesetzt, die investiert werden können um Marktanteile zu sichern und ein Wachstum zu fördern.

- Die gezielte Beeinflussung der Portale durch Kooperation, Werbung oder Konvergenz

Die Entwicklung der Portale in ihrer Funktion als Information Broker kann von Banken durch gezielte Werbung oder Kooperation zum eigenen Vorteil genutzt werden. Dies könnte auch der Entstehung neuer Konkurrenz durch die Portale selbst entgegenwirken.

- Die Aus- und Weiterbildung des Personalbestandes im Bankenbereich

Hier ist es wichtig die Mitarbeiter schnell und effizient an neue Technologie heranzuführen um auf Veränderungen reagieren zu können.

- Die Sicherung eines technologischen Vorteils durch Kooperationspartner

Banken sollten frühzeitig auf effiziente Weise mit Partnern kooperieren, die Entwicklung und Bereitstellung neuer Technologie gewährleisten können. Dadurch wird garantiert, daß technologischer Fortschritt und damit notwendige Weiterentwicklungen nicht verschlafen werden. Weiterhin muß keine Bank das Risiko der Fehlinvestition in Technologie auf sich nehmen. Diese Kooperationen können in verschiedenster Form, z.B. als Unternehmenszusammenschlüsse stattfinden. Auch die Entwicklung der „intelligenten" Portale kann hier einem kompetenten Partner überlassen werden.

- Die Vorbereitung auf den zukünftigen Wettbewerb durch die Bereitstellung eines für den Kunden optimalen Angebots und die gezielte Einbindung in den Informationsfluß

Nach der erfolgreichen Förderung des E-Commerce und der Einrichtung eines interessanten Angebots muß eine gezielte Einbindung des Dienstleistungsangebotes erfolgen. Die neu entstandene Markttransparenz läßt sich ohnehin nicht umgehen. Das Angebot muß daher an den entsprechenden Wegen im Informationsfluß plaziert werden.

Literaturverzeichnis

Hermanns A. / Sauter M. (1999):
Management Handbuch E-Commerce
Verlag Vahlen, München 1998

Köhler T. / Best R. (1998):
E-Commerce
Addison-Wesley-Longman, Bonn 1998

Europäische Zentralbank
The effects of technology on the EU banking system
Veröffentlichung der Bundesbank unter http://www.bundesbank.de , Juli 1999

Goldman Sachs Investment Research
E-Commerce: Financial services at a glance
Goldman Sachs Investment Research, New York 1999

IT Services (Zeitschrift)
Die digitale Volkswirtschaft
IT Services S.52/53, 1999

BEI GRIN MACHT SICH IHR WISSEN BEZAHLT

- Wir veröffentlichen Ihre Hausarbeit,
  Bachelor- und Masterarbeit

- Ihr eigenes eBook und Buch -
  weltweit in allen wichtigen Shops

- Verdienen Sie an jedem Verkauf

Jetzt bei www.GRIN.com hochladen und kostenlos publizieren